DESCRIPTION DE L'APPAREIL

DRESSÉ

POVR LA CEREMONIE DE L'OCTAVE DE S. FRANÇOIS DE SALES.

A l'occasion de la Solemnité de sa Canonisation, celebrée dans l'Eglise du premier Monastere de la Visitation Sainte Marie de Grenoble, qui est le quatriéme de l'Institut : Depuis les premieres Vespres du 8. Septembre, jusques apres les dernieres du 17. du mesme mois.

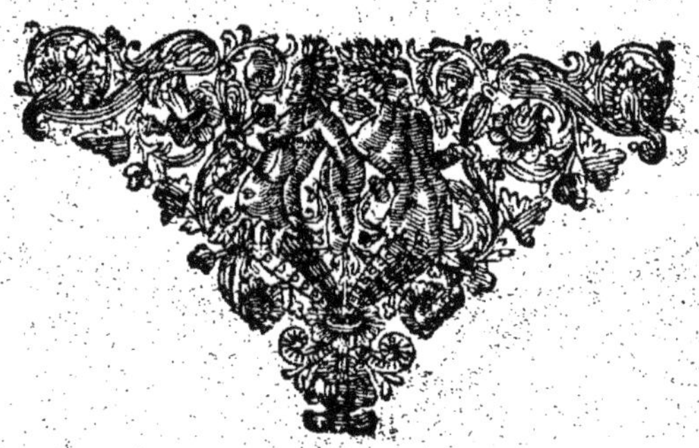

A GRENOBLE,

Chez ROBERT PHILIPPES, Imprimeur & Libraire, proche le College des RR. PP. Iesuites.

M. DC. LXVI.

Avec Privilege du Roy.

DESCRIPTION
DE L'APPAREIL

DRESSE

POVR LA CEREMONIE
DE L'OCTAVE
DE
S. FRANÇOIS DE SALES.

A GRENOBLE,

ROBERT PHILIPPES, Imprimeur & Libraire,
proche le College des RR. PP. Jesuites.

M. DC. LXVI.

A MONSEIGNEVR
MONSEIGNEVR
LE DVC
DE
LESDIGVIERES,
GOVVERNEVR DE DAVPHINE.

Il manqueroit quelque chose au Triomphe que les Reli-

gieuses du premier Monastere de la Visitation de cette Ville,
preparent à la memoire du Grand S. François de Sales leur
Fondateur, si ie ne faisois paroistre sous le nom de vostre Grandeur, la Description de leur Appareil, & du Theatre Magnifique qu'elles vont ouurir à sa gloire. Ce sont vos Liberalitez
qui feront tout l'éclat de cette Feste, & c'est pour estre honorées
de vostre presence qu'elles l'ont differée jusques icy. Elles sçau-
ent MONSEIGNEVR, à quel point vostre Gran-
deur honore ce Saint, qui ne contribua pas peu à la conuersion de Monsieur le Connestable de Lesdiguieres, dont vous
n'auez pas moins herité les Qualitez Heroiques, que le Nom
que vous portez. Il estoit aussi Allié à vostre Illustre Famille,
par tout ce que la Sauoye, le Dauphiné & la Prouence ont
iamais eü de plus Noble & de plus Grand. Les Familles
des Heros sont semblables aux Riuieres, elles s'estendent
en plus d'vn Pays, elles font beaucoup de Branches,
elles reçoiuent beaucoup de Ruisseaux, & l'on ne connoit
plus à leurs embouchures, ce qu'elles estoient à leurs sources. Il y a de l'Alliance entre la teste & les mains, bien
qu'elles ne se touchent pas immediatement, & quelques
éloignées que se trouuent les veines les vnes des autres, elles ont toutes vn mesme tronc, & sortent toutes du Cœur.
Le Sang fait des Circulations dans les Familles, aussi bien
que dans les veines qui le tirent du Cœur, & qui le ra-
menent au Cœur. Combien de Siecles a-t'on demeuré dans
l'ignorance de ce mystere, qu'on a seulement découuert en
celuy-cy ? Vostre Grandeur ne s'étonnera pas donc d'apprendre qu'elle appartienne à ce Saint. Elle luy est Alliée plus d'vne

fois ; Feüe Madame la Duchesse auoit le mesme auantage
par la Maison de Coligny, & par celle de Bussy, dont vne Fille
espousa le Frere du Saint. Bien que ces Alliances se trouuent au
septiéme où huitiéme degré , elles ne laissent pas d'estre glorieu-
ses quand elles remontent à des sources aussi pures que celles-
là. C'est MONSEIGNEVR, ce qui a obligé ces Da-
mes Religieuses de méler les Chiffres de vostre Grandeur , &
ceux de Feüe Madame la Duchesse à ceux du Saint, sur leur
Autel , pour donner des marques publiques de leur juste reconnoissance , puis que c'est par vos bien-faits que cét Autel est si
magnifique , & que vous auez si genereusement acheué ce
que Madame la Duchesse auoit commencé. Leur reconnoissance n'en demeure pas là, elle brille dans ces Dorures , mais
elle est plus éclatante dans leurs bouches & dans leurs Cœurs.
Elles la portent jusques au Ciel autant de fois qu'elles y portent
leurs vœux, & elles ont désiré que ie la publiasse à tout le monde,
afin que tous ceux qui aiment leur Institut entrent auec elles en
part de cette reconnoissance.

I'y entre d'autant plus volontiers , que ces titres nous
sont communs auec elles. Il y a long-temps , MON-
SEIGNEVR, que Vostre Grandeur nous fait ressen-
tir ses bien-faits, & nos Autels les publient : mais les
Sacrifices que nous y offrons les font monter tous les jours
iusques au Thrône de Dieu , où les Anges portent les
Vœux & les Prieres de tous les justes. C'est là seulement
MONSEIGNEVR, où ie puis porter ma reconnois-
sance, par le moyen du caractere que l'Eglise m'a donné ; mais
vostre Generosité a fait de si fortes impressions sur mon Cœur, que

ma langue & ma plume feront toûjours gloire de pubiler que ie
suis auec toute sorte de respect.

MONSEIGNEVR,

DE VOSTRE GRANDEVR,

Tres humble, & tres-obeyssant seruiteur,
C. F. MENESTRIER.
De la Compagnie de IESVS.

DESCRIPTION DE L'APPAREIL
DRESSE' POVR LA CEREMONIE
DE L'OCTAVE
DE S. FRANÇOIS DE SALES.

A l'occasion de la solemnité de sa Canonisation celebrée dans l'Eglise du premier Monastere de la Visitation Sainte Marie de Grenoble, qui est le quatriéme de l'Institut : Depuis les premieres Vespres du 8. Septembre, iusques apres les dernieres du 17. du mesme mois.

LEs Religieuses du premier Monastere de la Visitation de cette Ville, n'ayant differé les honneurs qu'elles vouloient rendre à la memoire de leur Saint Fondateur, que par les ordres de Monsieur l'Abbé de Saint Iulin, Grand-Vicaire de Monseigneur nostre Euesque, pour le faire auec plus d'éclat & d'appareil, & pour y estre honorées de la presence de Monseigneur le Duc de Lesdiguieres,

A

2

Gouuerneur de la Prouince , & leur principal
Bien-faiteur , ont voulu que tout y fut magnifique. & pour donner à l'esprit vne partie du plaisir qu'elles preparoient pour les yeux des personnes de condition, affectionnées à leur Monastere,
m'ont sollicité de décrire & d'expliquer en mesme temps tous les desseins des Peintures dont
elles m'ont donné la conduite depuis mon re-
tour d'Annessy , où j'auois esté employé à vne
pareille ceremonie. Cependant pour satisfaire
leur empressement, à peine eurent elles reçeu les
premieres nouuelles que leur Pere estoit mis au
nombre des Saints, qu'elles employerent aussi-
tôt vne des Plumes des plus éloquentes de ce sie-
cle , pour publier par tout la gloire de sa Cano-
nization ; & cét ouurage qui parut d'abord , fut
comme la premiere disposition à cette ceremonie. Depuis, auec la permission de Monsieur le
Grand Vicaire, dont le zele & la pieté meritent
d'estre éleuez aux premiers honneurs de l'Eglise,
elles ont fait tous leurs efforts pour le succez de
cette Feste, & pour la rendre plus auguste , elles
n'ont espargné ny Dorures, ny soins, ny Peintures durant six mois.

Comme c'est vn Triomphe que l'on represente , & que l'Estendart du Saint doit estre porté
en Procession depuis l'Eglise Cathedrale, en celle
de ce premier Monastere , on a jugé à propos de
dresser vn Arc de Triomphe au pied du ram-

pant de la Montagne fur laquelle eſt ce Monaſtere.

Cét Arc eſt d'ordre Dorique , aſſorty de tous
les ornemens , & feint de Marbre blanc & de
Porphyre , pour repreſenter en meſme temps les
deux couleurs du bien-aymé , & cette agreable
vnion d'innocence & de charité , qui fit la vie du
Saint & qui l'a rendu ſi aymable.

Le grand Tableau , qui occupe le milieu du
corps de ce Portique eſt feint de Lapis , & repreſente l'eſtabliſſement de ce Monaſtere,& la ceremonie de la Benediction de la premiere Pierre
de l'Egliſe, qui fut miſe ſolemnellement par feüe
Madame Royale de Sauoye , Chreſtienne de
France , qui paſſoit par cette Ville auec le Saint,
ſon premier Aumônier, pour aller en Piedmont
l'an 1619. qui fut l'année de ſon Mariage auec le
Prince Victor Amedée, fils aiſné du Duc Charles
Emanuël, & ſon ſucceſſeur dans le Duché de Sauoye. M. Iean de la Croix de Cheurieres, Ayeul
de la Reuerende Mere Barbe Seraphique de la
Croix, Superieure de ce Monaſtere,ayant de Pre-
ſident au Parlement de Dauphiné , & de Maiſtre
des Requeſtes , eſté nommé à l'Eueſché de Grenoble apres le deceds de ſa femme, ſe trouua pour
lors Eueſque , & M. Alphonſe de la Croix ſon fils
Eueſque de Calcedoine ſon Coadjuteur,fit en ſon
abſence la Benediction de cette premiere Pierre,
ſur laquelle ces mots furent grauez. I O A N N E S

4

à Crvce, Episcopvs Gratiano-
polis Lapidem Istvm Posvit,
Anno 1619. Il fut assisté en cette ceremonie par
S. François de Sales Euesque & Prince de Gene-
ue, & par M. de Gelas de Leberon, Euesque de
Valence & de Die.

Cette action fut faite le 21. d'Octobre, iour de-
dié à la memoire de Sainte Vrsule & des onze
mille Vierges; & durant la ceremonie, vne Colombe estant fortuitement venuë, fit trois tours
autour de la Croix qu'on auoit dressée à l'endroit
où est maintenant le Maistre Autel de cette Eglise, & se percha sur cette Croix où elle fut veuë par
plus de trois cens personnes qui en prirent vn bon
augure : c'est le sujet de la representation de ce
Tableau, où nous n'auons ajoûté qu'vn Ciel nouueau pour rendre ce dessein allegorique. Pour exprimer que ce Monastere est le quatriesme de
l'Institut, nous auons fait choix des Astres qui furent créez le quatriéme iour du monde, le Soleil,
la Lune, & les Estoiles composent ce Ciel nouueau d'vne maniere nouuelle. Le Portrait du Saint
est dans le Soleil, celuy de la tres-digne Mere de
Chantal dans la Lune, celuy de Sainte Vrsule dans
l'Estoile Polaire, qui est la plus haute vers le Sep-
tentrion de celles qui composent la petite Ourse
dont cette Sainte a le nom : d'vn costé les Estoiles
representent la troupe des Saintes Vierges, qui
furent les compagnes de sa mort, & de l'autre les

Saintes Filles qui donnerent commencement à la Visitation.

Dans les angles du grand Tableau, sont representez les quatre Animaux Mystiques du Prophete Ezechiel, par lesquels l'Eglise a accoustumé de representer les Euangelistes. Ils sont icy les Symboles des qualitez admirables de S. François de Sales, dont l'esprit fut vif, penetrant, & éclairé comme l'Aigle ; le zele ardent comme le Lyon ; les soins laborieux comme le Bœuf, & le naturel doux , affable , & obligeant comme l'homme.

On lit autour de ce Tableau ces mots qu'on applique ordinairement à la Lune. QVALIS QVARTA TALIS TOTA. Ils sont icy appliqués à ce Monastere, qui est le quatriéme de l'Institut , & nous souhaittons que tout ce Saint Ordre soit comme cette Maison, où regnent la Paix, la Charité, la Vertu, la Pieté, & l'Esprit de Saint François de Sales.

Le nombre de quatre a toûjours esté vn nombre sacré, & vn nombre mysterieux. Le Nom de Dieu est de quatre lettres en toutes langues , toute la nature est composée de quatre Elemens; le quatriéme jour du monde , fut vn jour tout de lumieres par la Creation des Astres. Le Ciel & la Terre sont diuisez en quatre parties ; l'annéee en quatre Saisons ; & les jours, que les

μικρός τις ἐνιαυτὸς ἡμέρα ἧς οἷαμεν ε͂αρ ἡ πρωΐα διὰ τὸ τὴν ἰκαῦτα εὔκρατον θέρες δὲ οἷʼ τὸ τῆς ἡμέρας μέσον. φτινοπώρα δὲ τὰ περὶ δείλην ἔοικε κειμῶνος δὲ δίκην σκυθρωπαζει τὰ πρὸς ἑσπέραν. Euſtath.

Grecs ont nommé la petite année, en quatre temps, qui ſont comme ces Saiſons, dit Euſtathius ſur Homere, parce que le matin eſt ſon Printemps ; le midy comme ſon Eſté ; l'apreſ-midy comme l'Automne, & le ſoir comme l'Hiuer. Le quarré eſt parmy les nombres le Symbole de la perfection, parce qu'il eſt également égal , & ſi le nombre de dix paſſe pour le nombre parfait, parce qu'il eſt compoſé des quatre premiers nombres, 1. 2. 3. 4. qui eſtant joints enſemble font dix ;

Marſil. Ficin. in argument. in Timœum Platonis c.24.

ce qui a fait dire aux Pythagoriciens, que tout le monde, tant celeſte qu'élementaire ſubſiſtoit par le nombre de quatre. Tout ſe meſure par quatre dimenſions, & l'ordre meſme de la Viſitation a commencé par quatre perſonnes, par le Saint qui en fut le Fondateur, & le Legiſlateur, & par les Meres de Chantal, Faure, & de Breſchard. La Nouuelle Ieruſalem, qui eſt la demeure des juſtes, eſt quarrée. La vie de l'Homme ſe diuiſe en quatre âges ; & il ſemble que la Prouidence ait pris plaiſir à mettre du rapport entre les quatre premiers Monaſteres de cét Inſtitut ; & les quatre premiers jours du monde. Si le premier jour du monde fut le berceau de la lumiere, le Monaſtere d'Anneſſy, qui eſt le premier de l'Ordre, fut le berceau de cette lumiere, qui commence à ſe répandre par tout le monde. Le ſecond jour fut la Création du Firmament ; & Lyon, qui eſt le ſecond Monaſtere, eſt celuy qui a eſté l'affermiſſe-

ment de l'Inſtitut, parce que ce fut là que l'on
commença à le regler à la maniere des Religions
cloiſtrées. Le troiſiéme jour du monde fut vn
jour d'abondance, & de fertilité, par la produ-
ction des plantes & des fruits; & Moulins, qui eſt
le troiſiéme Monaſtere, a receu les Benedictions
temporelles, par la retraite de Madame la Du-
cheſſe de Montmorency, qui l'a magnifiquement
baſty & doté, & qui depuis quelque mois ſeule-
ment y eſt morte Superieure en odeur d'vne ex-
cellente vertu. Enfin, comme le quatriéme jour
fut celuy de la Naiſſance des Aſtres; ce Monaſtere qui eſt le quatriéme, a produit de grandes &
belles lumieres. Quantité de perſonnes de condition y ſont entrées, & y ont laiſſé des exemples de Vertus, dont la memoire dure encore.

La Sœur Marie Angelique de Montaynard, Tiré de ſa vie écrite par la Mere de Chaugy.
merite de tenir le premier rang entre celles qui
ont laiſſé ces grands exemples de vertus. Elle
fut femme de Monſieur de S. Iulien, ſecond Pre-
ſident en ce Parlement, & elle eſtoit deſ-ja ſi ver-
tueuſe dans cette condition, que le Saint l'appel-
loit *le Treſor de la Deuotion de Grenoble.* Elle ſeruoit les malades, les faiſoit aſſeoir à ſa table, quand
ſon mary ne diſnoit pas au logis, viſitoit tous les
jours les Priſons & les Hoſpitaux. Vn jour ayant
oublié de prendre de l'argent pour faire l'aumoſ-
ne, elle ſe deueſtit d'vne de ſes juppes pour la
donner à vne pauure neceſſiteuſe. Son mary

estant mort, elle surmonta tous les obstacles qu'on luy faisoit pour empescher son entrée dans l'Institut, & ayant receu l'Habit des mains de Monseigneur nostre Euesque, le jour de l'Assomption N. Dame, l'an 1628. elle y fut vn exemple de toutes sortes de vertus, & mourut en odeur de Sainteté le sixiéme Decembre l'an 1629. professe de trois mois seulement ; & il a plû à Dieu de manifester cette sainteté par quelques guerisons miraculeuses.

Quelques années apres elle, fut receuë la Sœur Anne Elizabeth de Villars, grande tante de feu Monseigneur l'Archeuesque de Vienne, & veuue de Monsieur de Bourges, Tresorier de France. Elle estoit âgée de quatre-vingt & six ans quand elle entra en Religion. Sa vie fut vne continuelle Oraison : elle eut vne deuotion singuliere enuers le S. Sacrement, qu'elle receut tous les jours, quelque incommodité qu'elle eut, durant l'espace de trente ans. Elle fut onze ans Religieuse, & ne fit en cét état que donner vn nouueau merite à ses vertus, par la pratique de l'obeyssance.

La Sœur Marie Angelique de Prunier, fille de Monsieur le President de S. André, & du costé de sa mere petite fille de Monsieur le Chancelier de Bellieure, est vne autre de ces lumieres qui ont paru auec éclat dans ce mesme Monastere. Elle y entra l'an 1624. apres auoir fortement resisté à toutes les épreuues que luy firent souffrir ses parens

rens pour la détourner de son dessein , parce
qu'elle estoit l'aisnée de sa maison , & vne fille
tres-accomplie. Elle joignit à ces bonnes qualitez de la nature tous les auantages de la grace
par la pratique des vertus. Elle mourut huit mois
apres sa Profession, âgée seulement d'enuiron 18.
ans. Elle fut regrettée de toute la Communauté
qui la regardoit des-ja comme vn modelle de
toute sorte de vertus, & comme vn sujet capa-
ble de tous les emplois de l'Institut.

La Mere Anne Catherine de Sautereau , fille
d'vn President du Parlement, s'y est renduë aussi
considerable par sa merueilleuse conduite , y
ayant esté Superieure six ans entiers, auec toute
sorte de benedictions, aussi auoit-elle vne douceur admirable , accompagnée d'vne prudence
singuliere, & de beaucoup d'humilité. Apres s'é-
tre acquitée de cette charge, auec la satisfaction
generale de tout le monde, la Charité luy fit de-
mander celle des Filles Penitentes , où elle eut
beaucoup de choses à souffrir. Elle exerça durant cinq ans cét employ laborieux, & ne le quit-
ta qu'en mourant, laissant à tout le monde vne
tres-haute estime de sa vertu, & d'vne Sainteté
peu commune.

Les Medailles de ces quatre vertueuses personnes , sont representées sur cét Arc, & sur la
face opposée , celles des quatre premieres Superieures, auec cette inscription.

B

HANC VIRTVTVM PALÆSTRAM

Qui suspicis viator
Tam celso in monte Positam
Disce
Ad Cælum eundum esse per ardua,
Erigit se supra, se qui Deo Militat.
Tantoque Deo vicinior est
Quò à se remotior in terris coeperit
eminere.
Huic Ædi celsam adeò Elegit Aream
IOANNA FREMIOTA Coelo suppar foemina.
Primarium locauit lapidem Ordinis Parens
DIVVS FRANCISCVS SALESIVS
Ad hunc splendoris Apicem Gratiæ
perduxere.
Nil mediocre sperandum fuit ab ijs initijs
Quæ authoramentum fuêre ordinis
Incrementum virtutis,

Voicy l'explication & l'interpretation Françoise de cette Maison.

Passant qui vois cette Maison des Vertus si éleuée, &
placée au dessus d'vne Montagne, appren qu'on ne peut
aller au Ciel que par des chemins qui sont rude. Ce'uy
qui veut seruir Dieu, doit s'éleuer au dessus de soy ; &
il sera d'autant plus pres de Dieu qu'estant plus éloigné
de soy-mesme, il se trouuerra plus au dessus du monde.

La Mere de Chantal, femme qui tenoit plus au Ciel qu'à la Terre, choisit elle mesme le sol à bastir cette Maison. S. François de Sales Fondateur de l'Institut, en mit la premiere pierre, & les Graces elles mesmes l'ont mis dans l'Estat ou tu la vois. On ne deuoit rien attendre de mediocre de ces beaux cōmencemens, qui furet l'affermissement de l'Institut, & l'accroissement des Vertus.

C'est ce Monastere, qui establit le premier de la Ville d'Aix le 2. Aoust 1624. celuy d'Ambrun le 25. Auril 1625. celuy d'Apt le 8. Iuillet 1631. celuy de Sisteron le...... & le second de Grenoble le 7. Iuin 1648. Il a fourny des Superieures au premier establissement de Nantes, d'Arles, de Digne, & du Bourg S. Andeol, & encore à present cinq de ses Professes sont Superieures en diuers Monasteres.

Comme c'est Annessi, qui a commencé ce Monastere, il y a toûjours eu vne vnion tres-étroite entre ces deux Maisons. C'est ainsi que Dieu vnit aux Astres, le quatriéme iour du monde, la lumiere qu'il auoit produite le premier, & depuis cette lumiere à toûjours esté inseparable du Soleil. Grenoble doit trop à Annessi pour ne pas vser de reconnoissance en son endroit. Il luy doit les instructions qu'il a receuës de S. François de Sales, l'Establissement de ce Monastere, & ses premieres Superieures les dignes Meres de Chastel, de Livron, de Beaumont, & Glesat les trois premieres professes d'Annessi, & la quatriéme Nouice de ce premier Monastere, où elles furent toutes quatre receuës par le Saint.

C'est ce qui a obligé ce premier Monastere de l'Institut de prester à celuy-cy l'Estendard du S. beny par sa Sainteté, pour luy faire part des Indulgences qui sont attachées à ce depost pretieux, que le Pape leur enuoya comme vne marque sensible de la tendre affection qu'il a pour ce premier Monastere, où sont les Reliques du Saint qu'il a fait protecteur de sa Maison, comme il auoit esté le sien auant mesme qu'il luy eut decerné les honneurs publics que nous luy rendons.

Les Metopes de la Frise sont remplies de quatre deuises, qui font allusion à ce quatriéme Monastere. La premiere est le Soleil, qui de quelque sens que l'on considere la situation des Planetes, à commencer par la plus haute, ou par la plus basse, occupe le quatriéme rang. C'est ce que dit le mot, qui l'accompagne. QVARTVS IN ORDINE.

L'application en est aisée.

La seconde est le Croissant de Lune, auec ce mot. QVALIS QVARTA TALIS TOTA.

La troisiéme, le Soleil au signe de l'Ecreuisse qui est sa quatriéme Maison. NON CELSIVS VSQVAM. Le Soleil n'est jamais plus haut qu'en ce signe, qui est le quatriéme, & il descend aussi-tost qu'il en sort,

Le quatriéme, vne Colomne Corinthienne, qui

ſoûtient ſon Ordonnance, auec ce mot, ORDI-
NIS EST COLVMEN. Pour apprendre que S. François de Sales eſt maintenant le ſoûtien de l'Ordre qu'il a eſtably.

Sur le fronton de cét Arc ſont poſées les Armoiries du Saint auec tous leurs Ornemens, mais
au lieu du manteau d'Hermine dont les Princes
accollent leurs Ecus, celuy-cy eſt enuelopé d'vn
manteau celeſte ſemé d'Eſtoiles d'Or , & de
Cœurs pour repreſenter la Direction, & la Charité qui ſont les caracteres de ce S. Les Eſtoiles
ſont de ſon Blaſon, & les Preſtres des Egyptiens
les nommerent *Conſeilleres*.

Ægyptiorum Sa-
cerdotes ſtellas
nuncupauere βυ-
λαίυς conſiliarias,
Creſol. in Anthol,
ſacra cap. 9. ſect. 8.

A coſté de ces Armoiries ſont celles du Pape,
& du Roy , au deſſous celles de Monſeigneur le
Dauphin , & vn peu plus bas celles de
Monſeigneur noſtre Euêque , & de Monſeigneur le Duc de Leſdiguieres , comme ſur la
Friſe ſont celles de Monſeigneur Iean de la
Croix, & de Monſieur de Calcedoine ſon fils , &
ſon Coadjuteur, qui fit la ceremonie de la Benediction de la premiere Pierre auec le Saint. Sur la
Friſe du corps attique eſt écrit en groſſes lettres,
QVI COEPIT OPVS PERFICIET. Ce fu-
rent les dernieres paroles de ce Saint touchant
l'Inſtitut de la Viſitation, & il les repeta trois fois
quand on luy dit que ſes Filles alloient eſtre
Orphelines. Cét Oracle qui regarde tout l'Inſtitut , eſt particulier à ce Monaſtere , dont

le Saint a ietté les fondemens, il en acheuera la Gloire par vne protection finguliere, & nous pouuons dire dés-maintenant comme luy, *celuy qui a commencé l'Oeuure l'acheuera.*

L'infcription mife fur vne Table noire eft cel-le-cy.

DIVO FRANCISCO SALESIO
Parenti optimo,
Vôtis perennibus,
Huius cænobij Virgines.
D. D. C.

Les trois Filles de la Grace, l'Amour, la Libe-ralité & la Bienueillance, font eleuées fur cét Arc, comme les trois Graces Chrêtiennes, qui ont efté les compagnes infeparables de ce Saint. Les Payens connurent ces Graces, mais ils n'en firent iamais vn fi bon vfage que luy, dont l'Amour fut pur, & Seraphique, la Liberalité bienfaifante aux pauures, & aux neceffiteux, & la Bienueillance pleine de tendreffe pour tout le monde.

L'amour eft reprefenté par vn Seraphin veftu de couleur de feu auec des aifles au dos, femées d'yeux, qui font les portes par où l'ame femble fortir pour aller au bien qu'elle aime. Il tient vn Cœur enflammé en vne main, & dans l'autre vn Phenix qui fe confume dans les flammes, le Nom de Iefus brille fur fon fein, & fon vifage refpire l'Amour.

La Liberalité Chreſtienne eſt vêtuë de Blanc, parce que l'aumône eſt vne eſpece de Bapteſme, qui purifie. Elle eſt couronnée d'vn Soleil parce qu'elle répand de tous coſtez les rayons de ſa bonté, dit S. Denys. Elle a la main eſtenduë, & ouuerte, comme on la void dans les Medailles de diuers Empereurs, & quand les Hebreux veulent exprimer la liberalité, ils diſent ordinairement IAD PETVCHAH, que c'eſt vne main ouuerte.

La Bien-ueillance a ſon habit ſemé de cœurs liez de nœuds d'Amour. Elle eſt couronnée de Glouteron, qui eſt vne herbe qui s'attache aux habits, & que les Grecs ont appellée pour ce ſujet *Amante des hommes*.

De l'Arc pend la Medaille d'Or du Saint auec le reuers où le baſtiment de ce Monaſtere eſt repreſenté, auec l'année de ſon eſtabliſſement ſous l'exergue, & la legende eſt celle-cy. MONASTE-RIVM VISITATIONIS GRATIANOPOLIT. cette Medaille eſt accompagnée de deux Feſtons de fleurs & de fruits.

L'auant Egliſe eſt decorée de diuers Tableaux, auec des inſcriptions, dont on donnera l'interpretation dans la relation des ceremonies qui ſe feront durant cette Octaue. Enfin ie ſuis obligé de dire que le ſieur Larjot s'eſt acquis vne haute reputation dans l'entrepriſe des peintures de cette Decoration, qu'il a heureuſement executées, & les aggréemens particuliers qu'il leur a donnez

par la delicatesse de son Pinceau meritét d'attirer
les yeux les plus sçauans, & les plus curieux des
belles choses. Le sieur Chappuis ne s'en est pas
moins acquis dans la Dorure du Retable, qui n'est
pas moins brillante que magnifique, & la Balus-
trade de Fer, qui separe le Chœur de la nef, est vn
des Ouurages des mieux entendus que l'on ait
encore vûs dans les enlassemens, & les retours
conduits fort artistement.

ALLIANCES DV SAINT,

Auec les Familles de Dauphiné.

CEtte Ville, & cette Prouince ont d'autant
plus d'obligation à celebrer cette Feste, que
le Saint leur touche de plus prés, non seulement
par les seruices qu'il leur a rendus, y preschant
deux Aduents, & deux Caresmes, & par l'establissement de dix Monasteres de l'Institut dans
cette Prouince, mais encore parce qu'il est peu
de Familles Illustres qui ne luy soient alliées.

Monseigneur le Duc de l'Esdiguieres luy est
allié de cinq ou six endroits.

1. Par Claude de Berenger femme de feu monseigneur le Connestable de Lesdiguieres, Ayeule
de Monseigneur le Duc.

Cette

Cette Claude de Berenger procedoit d'André de Berenger, & André de Guillemette de Chissey, parente de Peronne de Chissey, femme de Pierre second du nom Seigneur de Sales. A remonter plus haut on trouue dans cette Maison de Berenger les alliances de Monteynar, & de Sassenage alliées aux Maisons de Grolée, de Chalant, & de la Palu, qui par ce moyen appartiennent à Marguerite de Chalant, troisiéme ayeule du S. & à Anne de la Palu sa cinquiéme Ayeule. L'alliance de Chrestiéne d'Aguerre auec la Maison d'Agoult des Comtes de Sault, celle de Ieanne d'Agoult auec la Maison de la Baume de Môtreuel, & de celle-là auec Luyrieux, Grolée Menthon, & la Palu, font autant de nouueaux nœuds entre toutes ces Familles.

La Maison de la Poype est alliée à ce Saint par Françoise de la Balme Dame de Vertrieu, femme de Claude de la Poype Sieur de Serrieres, & de Tossieu en Dauphiné. Sibuet de la Balme auoit espousé Claudine de Charansonay, & vne autre Claudine de Charansonay fut femme de Iean de Sales Baron de Balleyson, ayeul de Saint François de Sales.

Les Poisieux luy sont alliez par la mesme voye, parce que cette Dame de Vertrieu estoit fille d'Amblard de la Balme, & de Gabrielle de Poisieux.

Arces l'est par Loüise de la Poype fille de cetté mesme Dame de Vertrieu, & femme d'Humbert d'Arces Sieur de Reaumont.

Les Maisons de Galles, la Buisse, de Latier, & de Chates s'y trouuent alliées par Honorade de Galles femme de René de Lucinge de Geres sieur de la Motte, & ce René par Antoinette de Lucinge femme de Iean de Chenex pere de Marie Heleine de Chenex mariée à Christin de Charansonay Pere de Claudine de Charansonay, femme de Iean de Sales Ayeul du Saint.

Cette Honorade estoit fille d'vne Anne de Latier Dame d'Vrtieres en Dauphiné, & la maison de Chates est alliée à celle de Latier de Charpey.

Les maisons d'Armüet Bonrepos, de S. Marcel d'Auançõ, de Saluaing, de Sautereau, de Ponnat, de la Font Sauines, de Gerard S. Paul, & de Disimieu, s'y trouuent alliées par celle de Longe-Combe, parce que François de Longe-Combe espousa vne Ieanne de Beaufort Baronne de Salagine en Sauoye, & Marguerite de Beaufort de la mesme Maison estoit vne des sixiémes Ayeules de S. François de Sales estant mere de Richard de Duyn, pere d'Helene de Duyn, femme de Pierre de Charãsonay. Ieanne Armüet de Bonrepos fut femme de Balthasar de Longe-Combe, & estoit fille de Françoise de S. Marcel d'Auançõn. Et par les maisõs de Saluaing, & d'Auançon, celles de Ponnat, & de Sautereau se trouuent dans cette alliance. Le fils de Longe-Combe es-

pousa Marguerite de Sauines fille d'Antoine de
la Font Sauines, & de Marie de Gerard Saint
Paul.

Par Marguerite de Chalant, Trisayeule du S.
par Philiberte de Menthon aussi sa Trisayeule,
par Anne de la Palu sa cinquiéme Ayeule, par
Philippine d'Alinge aussi sa cinquiéme Ayeule,
par Bonauenture de Villette de Chiuron son
Ayeule, & par les maisons de Luyrieux, de Liuron
de Chastillon, de Derée, de Pingon, les maisons
de Grolée, de Bressieux, de Clermont, de Sassenage, de Flotte, de Garcin, de Murinés, d'Arces,
de Saluaing de Rossillon Bouchage, de Beau-
uoir, de Montchenu, de Virieu, d'Vrre, de l'Es-
tang, de Putrain, de Portes, de Monteynard,
d'Alleman, de Riuoire, de Simiane, du Pré Cha-
magnieu, de Loras, de Palmier, de Chapponay,
de Prunier S. André, de Bellieure, d'Emé Mar-
cieux, de Guiffrey, d'Hostun, de Claueyson, de
Lionne, de Costain, de Bressac, de Seruien, de
Maniquet, de Fleart, de Graret, de Vachon, de
Bazemont, du Faure, de Frere, de Briançon, de
Villars ont part à cette alliance.

Par Peronne de Chissé femme de Pierre de
Sales, les Seigneurs de la Marcousse, les maisons
de la Croix Cheurieres, de Chaunes, de Boffin,
de Portier, de la Baume de Suze, d'Arzac, de
Rabbot, de Liotard, de Dorgeoise, de Pourroy
Voissan, de la Baume Chasteau-double, de Mu-

fy, &c. Par Rabalette de Bardonanche femme
d'vn Pierre de Sales de Bardonanche. Montchenu, Calignon, Iouffrey, Marnais, Ferrus, Baron-
nat, Chaillot, Beaumont, & toutes les Maisons
alliées à celles-là.

Quantité d'autres familles s'y trouueront alliées par les mesmes voyes, & par des degrez de
proximité moins reculez, mais qui me sont in-
connus. Comme il me seroit aisé de faire rémon-
ter la famille de ce Saint aux alliances de toutes
les restes couronnées de l'Europe, si i'entrepre-
nois de le flatter de cette sorte de vanité, dont on
remplit aujourd'huy les Liures de Genealogies,
il me seroit aussi facile de conduire ses alliances à
celles de toute cette Prouince, & à celles de
Bourgogne, de Prouence, & de Sauoye, puisqu'il
est peu de familles Nobles, qui ne se trouuient alliées les vnes aux autres, où alliées à vne Commune, bien qu'elles ne soient rien entre elles, en voicy la demonstration sensible, ou par des nœuds,
on peut voir que ceux qui sont en vne de ces des-
cendances ne sont rien à ceux des autres, bien
qu'ils soient alliez au nœud commun qui vnit
tous ces autres nœuds.

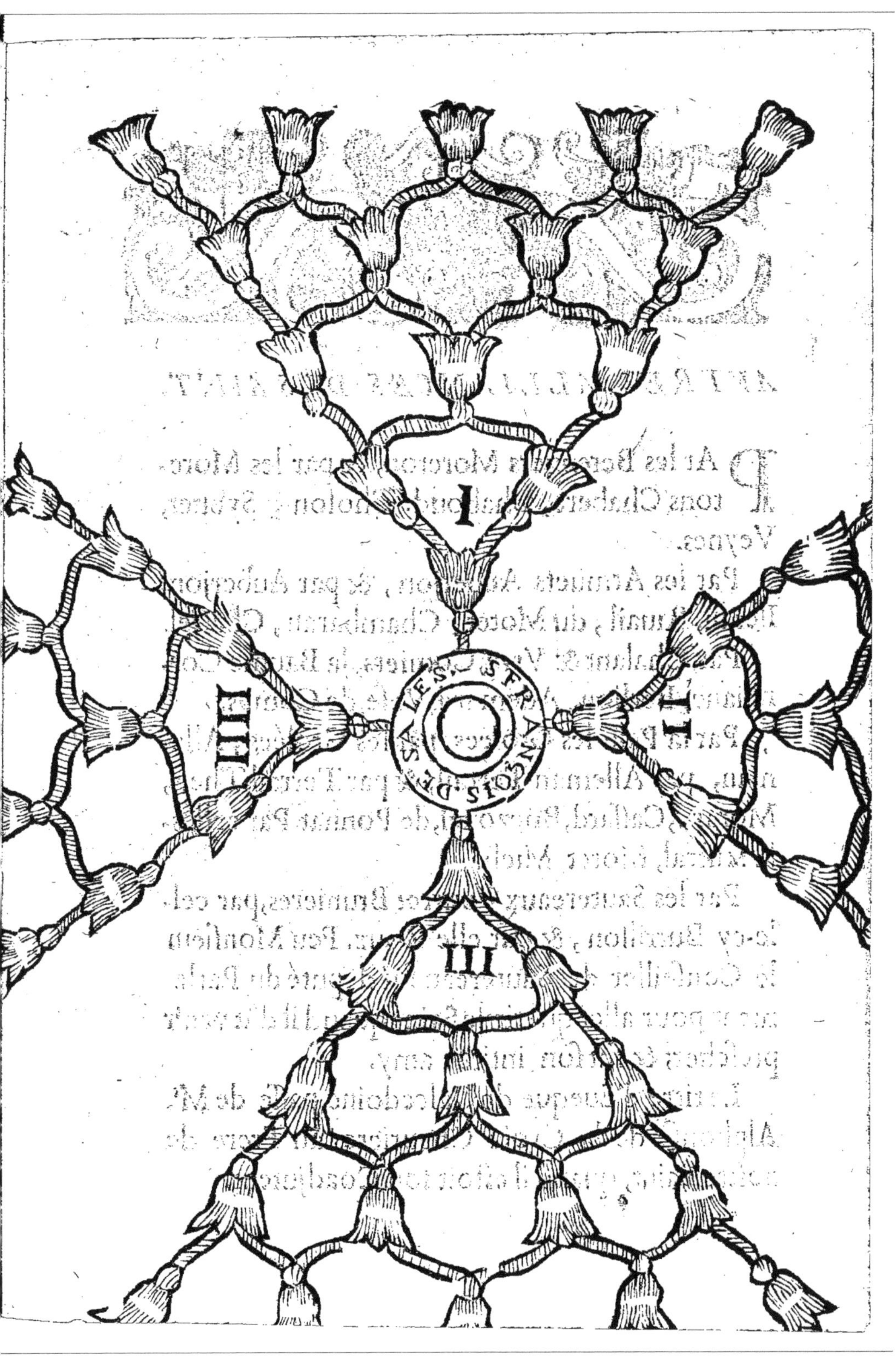
I
II
III
IIII

PAr les Berengers Moreton, & par les More-
tons Chabert, Chaboud, Tholon , Sybuet,
Veynes.

Par les Armuets Auberjon, & par Auberjon,
Iseran, Riuail, du Motet, Chambaran, Chastel.

Par Chalant & Vrre, Comiers, la Baume Cor-
niliane, Berlion, Ademard, Vese, de Comps.

Par la Palu les Grolées, par les Grolées, Alleman, par Alleman Terrail, & par Terrail Theis,
Morard, Cassard, Boczozel, de Ponnat. Par celles-
là Mistral, Moret, Micha.

Par les Sautereaux Pourret Brunieres, par cel-
le-cy Burrillon, & par elle Roux. Feu Monsieur
le Conseiller de Sautereau fut deputé du Parlement pour aller querir le Saint quand il dût venir
prescher, & fut son intime amy.

Le titre d'Eueque de Calcedoine passe de Mr.
Alphonse de la Croix Cheurieres au Frere de
nostre Saint, quand il estoit son Coadjuteur.

SAINT FRANÇOIS DE SALES,

Le grand Ouurage de la Grace.

1. *Dans sa vie.*

2. *Dans sa conduite pour la direction des Ames.*

3. *Et dans l'establissement de l'Institut de la Visita-*
tion Sainte Marie.

Dessein des Peintures de l'Eglise.

QVELQVES merueilleuses que soient les productions de la Nature, que le plus éclairé des Philosophes a nommées l'Ouurage de l'Intelligence, pour nous apprendre qu'elles é-toient le chef-d'œuure de la Sagesse, elles n'approchent pas de la grandeur ny de la beauté des productions de la Grace. Ses Ouurages sont moins sensibles, mais ils en sont plus precieux. Et comme la Nature cache les Astres durant le iour, les Metaux & les Pierreries dans le sein des Rochers ; la Grace prend aussi plaisir de dérober à nos yeux ce qu'elle a de plus riche & de plus beau. C'est dans les cœurs des Iustes que sont ses tresors ; mais quelque soigneuse qu'elle soit de les cacher,

Opus naturæ, opus intelligentiæ.

elle ne sçauroit empescher qu'il n'en paroisse quelque chose ; comme nous voyons que la nuit nous découure l'éclat des Astres qu'on ne void point durant le iour, & que les Fontaines qui sortent des Montagnes & des Rochers en tirent des arenes d'or, & de petits grains d'argent, qui nous apprennent qu'il y a des Mines dessous ces masses de Rochers.

Tous ces chef-d'œuures de la Grace se reduisent à trois, qui sont les grands Ouurages de Dieu.

Le premier est l'Humanité Sainte de son Fils, à laquelle cette personne Diuine s'estant hypostatiquement vnie en a fait en mesme temps le depositaire de ses tresors, & la source pretieuse d'où découlent toutes les Graces.

La seconde est la Sainte Eglise, que le Fils de Dieu a luy mesme instituée, pour estre son Espouse, & la distributrice de sa Grace, & de ses merites, qu'il luy a donnez pour dot.

Le troisiéme est la conduite des justes, & leur sanctification; c'est sur ce grand modele que nous auons dressé le Dessein de cét Apparil, destiné au Triomphe de Saint François de Sales, qui a esté l'ouurage de la Grace, & qui n'a toûjours agy que par la Grace, & pour la Grace. Cette Ville se trouuant heureusement en possession d'estre nommée la Ville des Graces, & les Roses qu'elle porte dans son Blason estant des fleurs des Gra-

ces,

ces, comme les Poëtes Grecs les ont nommées.
On ne pouuoit pas s'attacher à vn deſſein plus
propre que celuy-cy qui eſt diuiſé en trois parties comme en autant d'ouurages de la Grace.

La premiere repreſente la vie du Saint, qui fut
vrayement l'ouurage de la Grace, puiſqu'elle fut
toute Sainte, & vne Imitation de celle de Ieſus-
Chriſt.

La ſeconde fait le caractere de la Naiſſance,
du progrez & de l'eſprit de la Congregation de la
Viſitation Sainte Marie, qui eſt vn autre ouurage
de la Grace, puiſqu'elle eſt l'Eſcole de toutes les
Vertus, & vne Academie de Sainteté. Elle eſt la
Fille du Cœur de ce Saint, comme l'Egliſe eſt la
Fille du Cœur de Ieſus-Chriſt, qui fut tirée de
ſon coſté à la faueur de l'ouuerture de la Lance
comme dit vn Pere de l'Egliſe.

La troiſiéme exprime la conduite de noſtre
Saint dans la direction des ames, qui fut ſon ta-
lent particulier, & qui eſt le grand ouurage de la
Grace communiquée aux Paſteurs, & aux Prelats, qui reçoiuent vn double eſprit, pour leur
conduite, & pour celle de leurs troupeaux.

Ces trois ouurages de la Grace nous ſont net-
tement expliquez dans l'Oraiſon que noſtre S.
Pere le Pape a compoſée pour ce Saint, Puiſque
ſes merites ſont vn effet de la Sainteté de ſa vie:
qu'il a imprimé dans le cœur de toutes ſes Saintes
Filles, la douceur de ſa charité dont il a fait l'ame.

D

de leur Inſtitut, & que ſes aduis ſalutaires ont ſer-
uy, & ſeruent encore par le moyen de ſes Liures, à
diriger tout le monde dans la pratique des
vertus.

Pour exprimer toutes ces merueilles, on a
choiſi diuers Symboles & diuers Emblemes; la
vie du Saint eſt repreſentée de quatre manieres,
pour la rédre plus agreable par cette varieté. Des
Camayeux de cirage rehauſſez d'or, en font voir
les principaux euenemens: d'autres ſont exprimez
en deuiſes, des Vaſes de diuerſes ſortes expriment
ſes talens & ſes qualitez incomparables, & ſes
vertus ſont repreſentées ſous les Images Icono-
logiques, d'autant de filles, qui ont des Symboles
qui ſeruent à les diſtinguer & à les faire reconnoi-
ſtre par ces marques ingenieuſes que les ſçauans
leur ont données.

La naiſſance, le progrez & l'eſprit de l'Inſtitut,
ſont exprimez par la vie de N. D. dont cette Congregation eſt vne copie, comme elle porte le
nom de ſa Viſitation.

Enfin la direction des ames & la conduite de
ce Saint, ſont repreſentées en Emblemes & en Deuiſes, accompagnées d'inſcriptions, qui en expliquent les ſujets, voilà l'ordre qu'on a tenu en cette
decoration.

L'Autel, comme le lieu principal eſt celuy par
lequel nous auons commencé, bien qu'il ſoit le
dernier qui ſe preſente aux yeux de ceux qui vien-

nent rendre leurs refpects & leurs hommages à ce
Saint.

IESVS-CHRIST caché fous les voiles du
tres-Augufte Sacrement de l'Euchariftie eft l'ame
de cette Fefte, auffi eft-il en cét eftat le grand ouurage de la Grace, dont ce Sacrement a tiré fon
nom. Il en a fait le Trefor de l'Eglife, & le principal
modele de la direction des ames, & nous y voyons
des yeux de la Foy, dans leur fource & dans leur
principe, ces trois ouurages de la Grace, qui font les
originaux du deffein que nous auons pris.

Derriere ce Soleil eft placé vn grand miroir de
fix pieds de haut, fur lequel eft vn Buft d'argent du
Saint, mais auec tant d'artifice, que fes yeux, fon
cœur & fa bouche, reçoiuent des impreffions
de lumiere de ce Soleil, & les reflechiffent fur
tout le monde, comme ces nués lumineufes,
où le Soleil eftale quelquefois la pompe de fes
rayons & reprefente fon image.

Les miroirs font les ouurages des Graces, ce furent elles qui trouuerent l'inuention de ces glaces,
afin qu'elles puffent auoir elles mefmes le plaifir
de voir leurs attraits, leurs charmes, & leur beauté
& de la pouuoir admirer. Sur ce miroir qui eft
bordé d'vne Guirlande de fleurs & d'vne infinité
de Pierreries, qui font autant d'autres petits miroirs qui reflechiffent les lumieres, & qui les ren-
dent pretieufes par le nouuel éclat qu'elles leur
donnent, s'éleue vne grande Couronne de Prince

a feüilles d'Asche ou de Persil , comme celle des
Marquis , & semblable à celle que le Saint met-
toit sur l'Ecusson de ses Armoiries en qualité de
Prince de Geneue, elle est toute grosée de perles
& chargée de pierreries. Elle est le Symbole & l'I-
mage de la couronne de Sainteté qui fait la
splendeur de sa gloire , & qui est l'ouurage de la
force & de la generosité Chrestienne, à parler aux
termes de l'Ecriture, c'est là vn abbregé des vertus
de ce grand Saint en Emblemes, puis que les perles expriment sa pureté , les Rubis son zele , les
Escarboucles sa charité , les Diamans sa fermeté,
les Saphirs ses inclinations celestes, les Amethy-
stes sa temperance, les Topazes son intelligence,
les Emeraudes son esperance, &c.

Sur l'Arc doubleau , qui separe la Nef de l'E-
glise d'auec le Chœur , est feint vn Balcon à ciel
ouuert , sur lequel deux petits Anges soustien-
nent vn Escusson écartellé des Armoiries du
Saint , & de celles de la Visitation, comme elles
sont sur les Vitres de l'Eglise du premier Monastere d'Annessy , qui est le premier de l'Institut,
& cét Ecusson montre l'ynion du Saint , & de ce
mesme Institut dont il est le Pere & le Fondateur,
la deuise de sa famille qui est exprimée en ces
mots, N Y P L Y S N Y M O I N S , exprime cé
beau rapport.

Comme les Anciens ont representé tous les
biens & tous les maux du monde par des Vases,

& qu'ils en donnerent à leurs Dieux de pleins, de bien-faits, & de chaſtimens pour recompen-ſer & pour punir, nous les auons icy employez pour repreſenter les diuers talens naturels & ſur-naturels de noſtre Saint, & tous les auantages qu'il reçeut de la nature, de la fortune, & de la grace : l'Ecriture ſe ſert auſſi des Vaſes pour ex-primer ces ſortes de choſes, témoins les Anges de l'Apocalypſe, & les 24. vieillards.

Habentes ſinguli citharas & Phialas aureas plenas odo-ramentorum, quæ ſunt orationes ſan-ctorum. *Apocal.*5.
Vnum de qua-tuor animalibus dedit ſeptem An-gelis ſeptem phia-las aureas plenas iracundiæ Dei.
Apocal. 15.

Le premier eſt vn Vaſe d'or, qui pour repre-ſenter ſa Nobleſſe eſt fait en forme D'ANCILE, ou d'Ecuſſon ancien, taillé & retaillé ſur les bords tels que ſa famille le porte, pour faire alluſion à ſon nom, parce qu'on dit que les Saliens qui eſtoient les Preſtres de Mars, en portoient de cet-te ſorte. Deux Sauuages qui ſont les ſupports de ſes Armoiries font les Anſes de ce Vaſe, la cou-ronne de Marquis en fait l'ouuerture & le col, & deux filets de Perle forment vne ouale agreable autour des pieces de l'Ecuſſon.

La Coupe d'or des Eſprits que Triſmegiſte a ſi ingenieuſement décrite en ſon Pimandre, & où il dit, que les Ames ſe plongeoient auſſi-tôt qu'elles auoient eſté formées, eſt vn ſymbole de l'eſprit du Saint, auſſi on le voit qui en ſort ſous la forme d'vn petit Enfant aiſlé tout éclatant de lumieres, qui expriment les brillans de ſon eſprit.

Cette Coupe eſt couronnée des fleurs depenfée, parce que les penſées ſont comme les fleurs de l'eſprit, dont le ſien eſtoit fecond. Ces fleurs ſont appellées les fleurs de la Trinité par les Herboriſtes Latins, & luy n'auoit point d'autres penſées, que pour la gloire des trois adorables Perſonnes, qui ne ſont qu'vne meſme eſſence.

Son Eloquence, qui ne fut pas moins perſuaſiue qu'agreable & diuerſifiée, eſt repreſentée par vne autre coupe d'or, d'où ſortent des chaiſnes d'or, des Perles & des Pierreries, meſlées à des Croix & des Chappelets, pour apprendre qu'il conſacra cette eloquence à la pieté, & qu'elle fut toute ſacrée; c'eſt S. Iſidore de Damiette qui nous a donné la penſée de repreſenter l'éloquence ſous la forme d'vne coupe, parce qu'en ſon Epiſtre qu'il écrit au Lecteur Timothée, qui eſt la troiſiéme du ſecond Liure, il luy dit expreſſément que la ſageſſe a remply vne coupe, non pas de Miel, de Vin où de Lait, mais de doctrine & de Philoſophie; qu'elle a couronné cette coupe de graces diuines, & qu'elle incite à la vertu & à la pieté ceux qui s'en approchent, leur faiſant negliger les choſes baſſes & terreſtres, pour ne ſuiure que les celeſtes. Cette coupe eſt l'Ecriture Sainte, dit ce Pere, en laquelle noſtre Saint fut merueilleuſement verſé, & d'où il tira cette eloquence maſle & vigoureuſe, douce & forte tout enſemble, qui le faiſoit parler en Prophete, & en Apoſtre. La Sageſſe eſt repreſentée ſur cette Coupe, auec les

Medailles de quelques Heros, & elle est couronnée de Roses, parce que chez les Anciens pour
exprimer la douceur de l'eloquence de quelqu'vn
on disoit qu'il parloit des Roses, comme on disoit de ceux qui n'auoient point d'eloquence
qu'ils parloiét des pierres & des cailloux. C'estoit
aussi la coutûme de couronner les coupes où l'on
beuuoit, & Ennodius appelle les beautez du dis-
cours des Diademes.

Sa science est représentée par vn Vase d'or, sur
lequel est figuré l'Arbre de la Science du bien &
du mal, autour duquel sont Adam & Eue encore
innocens, puis qu'ils n'auoient pas encore mangé
de ce fruit qui leur estoit défendu. Nostre Saint
a cueilly les fruits de cét Arbre auec plus de succez, puis qu'il acquit toutes les sciences par son
trauail & par son assiduité sans perdre son inno-
céce, & en sçeut faire vn bó vsage. Les Anses de ce
Vase sont de Palmes, parce que ce furent les feüilles de cét arbre qui furent le premier papier sur
lequel on écriuit les Principes des Sciences. Elles
se terminent en deux testes de Cherubins, qui
sont les Symboles de la Science dans les Ecritures
Saintes, & leur nom mesme en est vne preuue. Ce
Vase est couronné de Lierre, qui estoit chez les
Grecs & chez les Romains, la couronne des sçauans.

Ces quatre premiers Vases representent de
cette sorte ses quatre talens naturels, de la No-

Ρόδα μ' ἔιρηκας
Rosas mihi locutus
es. *Aristoph. in nu-*
bibus.
Lapides loqueris,
Plautus in Aulu-
laria.
Sermonum diade-
mata. *Ennod. Ep.* 4.

Me doctarum he-
deræ præmia fron-
tium Dis miscent
superis.   *Horat.*
Od. 1.

bleſſe, de l'Eſprit, de la Science, & de l'Eloquence. Ceux qui le diſpoſerẽt a l'Epiſcopat ſont auſſi repreſentez par quatre autres Vaſes, qui ſont autour de la clef de la ſeconde voute, comme les autres ſont autour de celle de la premiere.

Le premier qui eſt le Vaſe d'élection, pour repreſenter la vocation, ſans laquelle on ne doit pas entrer dans le Sanctuaire, eſt vn Vaſe de Lapis, dont la couleur eſt bleuë ſemée de veines & de paillettes d'or, pour apprendre que cette vocation doit eſtre toute celeſte, & toute pure ſans intereſt, & ſans aucun autre motif que de la gloire de Dieu, & du ſeruice des ames, comme fut celle de noſtre Saint, qui eſtant l'aiſné de ſa maiſon, & ſe ſentant appellé à la vie Eccleſiaſtique, renonça aux plus belles eſperances de la fortune, & reſiſta aux ſollicitations de ſon Pere qui le vouloit détourner de ce deſſein. Le Nom de Iɛsys, eſt graué ſur ce Vaſe, parce que Dieu choiſit noſtre Saint comme l'Apoſtre des Gentils, pour eſtre vn vaiſſeau d'élection, qui porteroit ſon nom à tous les peuples, & aux Souuerains.

Les Anſes de ce Vaſe ſont de Lys enlaſſez, parce que le Lys eſt la fleur que Dieu a choiſie ſur toutes les autres, dit Eſdras au chap. 5. du Liure 4. il eſt couronné de Pampres de Vignes pour la meſme raiſon, parce que le meſme Autheur dit que Dieu a choiſi vne vigne.

Ce n'eſt pas aſſez d'eſtre appellé à l'eſtat Eccleſiaſtique

fiaſtique , & à celuy de Prelat , il en faut auoir la
perfection, qui conſiſte dans la ſpiritualité. C'eſt
ce qui eſt icy repreſenté par le Vaſe de l'eſprit,
qui eſt auſſi de Lapis veiné d'or côme celuy d'élection, parce que c'eſt du Ciel que nous vient toute
la vie de l'eſprit, & qu'elle doit eſtre épurée comme l'or. Ce Vaſe eſt figuré d'vn ſaint Eſprit qui
deſcend du Ciel en forme de Colombe au milieu des rayons & des lumieres, il eſt auſſi la ſour-
ce de toute la perfection de cét eſtat, & de toutes
les lumieres qu'il demande. Il a aux deux Anſes, *τὰ γὰρ ἐν ἀέρι*
Anges qui ſont de purs eſprits; & il eſt couronné *πνέοντα πνεύματα*
d'Anemones , parce que ces fleurs tirent leur *καλοῦμεν ἀνέμους. Spi-*
nom des vents, qui ſont des ſouffles & des eſprits, *ritus flantes in aë-*
dit Ariſtote. *re vocamus ventos.*

La deuotion , qui eſt l'ame de la ſpiritualité
qu'elle entretient , eſt repreſentée par vn Vaſe de Hanc concionan-
Iaſpe, parce que Pline a obſerué que les anciens tibus vtilem eſſe
eſtimoient que cette pierre ſeruoit à ceux qui prodiderunt. *Plin.*
deuoient parler en public; & comme c'eſt la De- *Hiſt. nat. l. 37. c. 9.*
uotion qui eſt l'ame des diſcours ſpirituels, nous
l'auons exprimé par cette pierre. Les anſes ſont
faites de deux Aigles , qui ſont les Symboles des
contemplatifs , & des perſonnes ſpirituelles. Le
corps du Vaſe eſt figuré d'vn cœur percé de deux
fleches, l'vne de componction pour nos fautes, &
l'autre d'amour de Dieu, en quoy conſiſte la ſo-
lide Deuotion. Enfin il eſt couronné de Tulipes,
qui s'ouurent aux premiers rayons du Soleil.

34

L'Honneur, qui accompagne les dignitez Ec-
clefiaftiques eft auffi reprefenté par vne autre
vafe de Iafpe, qui par la diuerfité de fes couleurs
exprime celle des honneurs, qui fe trouuent dans
l'Eglife. Auffi peut-on dire, que fi Dieu deftine
quelques-vns à eftre des Vaiffeaux d'honneur
comme dit l'Apoftre, écriuant aux Romains,
noftre Saint eft de ceux qui en ont receu d'auantage, puis qu'il a efté reueré des Papes, & des Princes de l'Eglife, des Rois & des Empereurs, & de
plufieurs Cours Souueraines. Les anfes de ce vafe font formées de deux Griffons, qui eftant des
animaux moitié Aigles, moitié Lions, reprefentent excellemment l'vnion des honneurs Eccle-
fiaftiques & Seculiers ; & c'eft pour ce fujet que
Meffieurs les Comtes de Lion en portent vn en
leur Blafon, pour montrer l'alliance qu'ils font
de la Nobleffe du Sang à celle des fonctions du
Sanctuaire.   Sur le corps du vafe eft vne Croix
qui fe termine en quatre Couronnes, & qui reprefente de cette forte, que la Dignité du Sacerdo-
ce a efté jointe autrefois à la Royale ; elle exprime auffi l'vnion de la qualité de Prince & d'Euefque que poffedoit noftre Saint, qui portoit pour
ce fujet la Couronne fur fon Ecu, auec la Croffe
& la Mitre. Ce vafe eft couronné de la couronne
des anciens Souuerains, qui eftoit d'or, & rayon-
née à douze pointes, comme celle qu'ils don-
noient au Soleil pour exprimer fes rayons, qui luy

tiennent lieu de Diademe, & les douze Mois de l'Année qu'il met à faire son cours.

Cinq autres Vases mis dans le Pourtour, sur les fenestres, & sur les trois Camayeux qui sont au dessous des arcs, & des ceintres de la voute, representent la conduite du Saint, & ses emplois dans le Ministere sacré.

Le premier qui est sur la grande vitre, represente l'innocence de sa Vie. C'est vn Vase de Porphire, veiné de blanc, pour exprimer l'alliance de la candeur & de la pudeur, qui font le veritable caractere de l'Innocence. Les anses sont faites de deux cygnes, qui sont les Symboles de la candeur, & sur le corps du vase est vn enfant qui est celuy de l'innocence. Il sort des Fleurs de ce Vase, parce que les Innocens sont appellez par l'Eglise les fleurs des Martyrs, & c'est au iour de leur Feste que le Saint mourut à Lion, dans la maison du Iardinier du Monastere de la Visitation, en Belle-cour.

Le Vase qui est sur la vitre ronde est aussi de Porphyre, comme ce premier, mais c'est vn vase mysterieux, qui represente les Heretiques que le Saint a conuertis, de la maniere dont Dieu fit voir à S. Pierre la conuersion des Gentils, quand apres luy auoir montré vn grand Vase plein d'animaux immondes, & luy auoir commandé de les tuer & de les manger, ce Vase fut receu dans le Ciel. Des Harpies forment les anses de ce Va-

Vidit cælũ apertũ. & descendens vas quoddã velut linteum magnum.... in quo erant omnia quadrupedia per serpenti à terræ..... & statim receptum est eas in cælum. Act. 10.

se, doht le corps est figuré d'vn masque de Mon-
stre, qui represente l'Heresie. Il sort des fleurs de
ce Vase, pour montrer que le Saint a sçeu chan-
ger ces Monstres en fleurs dignes du Paradis; aussi deux Anges sont aux costez de ce Vase pour le
porter au Ciel.

Celuy qui est sur le Camayeu du Caluaire est
de bronze clair, couronné d'espines; les anses sont
de Serpens entortillez, & sur le corps est vne
Teste de Mort. C'est aussi le Vase de la mortification.

Celuy qui est sur la Chappelle du Saint, & celuy qui luy est opposé, sont deux Vases semblables à ceux que Dieu commanda à Moyse de faire, pour esteindre les superfluitez que l'on tireroit
des Lampes qui seruoient aux ceremonies du
Tabernacle, & c'est pour exprimer la charité a-
uec laquelle le Saint couuroit les defauts des personnes Ecclesiastiques & Seculieres, qu'il portoit
souuent par ce moyen à la vertu, quand ils s'ap-
perceuoient de sa charité, & de sa discretion à les
couurir de la sorte.

Les quatre Vases du Chœur expriment la sainteté & la gloire de nostre Saint.

Le premier, qui est celuy de la Sainteté, est de
laque, rehaussé d'or, pour nous apprendre que
c'est par le moyen du Sang du Fils de Dieu, & de
la Charité, que nous sommes sanctifiez. Il repré-
sente vn Phenix qui se brusle sur vn bucher pre-

cieux, feint de toutes sortes de bois odoriferants,
Il est couronné du Diademe de lumiere, qui est la
couronne des Saints.

Le Vase de la perfection est d'or, couuert &
fermé, couronné d'vn Diademe de toute sorte
de pierreries, les anses sont de perles, & representent la Lune au plein.

Le Vase des miracles est de laque rehaussé
d'or, historié de la resurrection d'vn mort, couronné des fleurs qu'on appelle des M E R-
V E I L L E S.

Enfin le Vase de la gloire qui est le dernier est
d'or, couronné d'Etoiles, & represente le Saint
éleué en gloire.

Trente vertus de ce Saint assorties de leurs
Symboles, qui seruent à les distinguer, accom-
pagnent de deux en deux les camayeux entre les
augiues & les ceintres des voutes.

Et comme les vertus morales consistent dans
la mediocrité, & font le milieu des deux extremitez vitieuses, elles sont representées par des
demy figures, qui se terminent en rainseaux, & en
enroulemens, d'où elles sortent à demy corps,
parce qu'elles sont de la partie superieure de l'a-
me, & ne sont point sujettes aux mouuemens de
la partie inferieure. Au contraire les vertus Theo-
logales, & celles qui regardent le culte de Dieu
sont des vertus dont l'excez ne sçauroit estre vi-
tieux, où pour mieux dire à quelques extremitez

qu'elles aillent, elles font toûjours fans excez; ainſi la Foy, l'Efperance, la Charité, la Religion, la Pureté d'intention, la ferueur, la liberalité enuers Dieu & les pauures, & l'amour du prochain font repreſentées à corps entier dans la voute du Chœur.

La charité tient ſur le cœur vn carquois ouuert, d'où il exhale des flames, & d'ou ſortent des traits allumez, qui volent vers le Ciel pour bleſſer le cœur de Dieu comme l'Amante ſacrée.

La Foy a les yeux voilez & tient la Sainte Bible entre les mains, auec la Croix & le Calice.

L'Eſperance ſe fait connoiſtre par ſon Anchre, & par ſes bras eſtendus vers le Ciel.

La Religion tient vn Encenſoir en main.

La Pureré d'intention porte vne reigle d'or, & vn niueau, au milieu duquel eſt vn œil, ſur lequel paſſe le filet dont pend le plomb.

La Ferueur a vne fuſée allumée qui part de ſa main.

La Liberalité répand vne corne d'abondance.

Et l'amour du prochain a de petits enfans autour de ſoy.

Les huit vertus qui font en la ſeconde voute font, la Vigilance, l'Aſſiduité, la Prudence, la Simplicité, la Modeſtie, l'Humilité, la Pieté, & la Mortification.

La Vigilance, qui doit eſtre la vertu principale d'vn Eueſque, puis que c'eſt elle qui en fait

le nom, a les yeux ouuerts, & tient vn Sceptre sur-
monté d'vn œil. Elle porte vne couronne d'A-
mandier , parce que l'on a crû que cette plante
oſtoit le ſommeil & empeſchoit de dormir , &
l'œil que S. Iean Chryſoſtome nomme l'harmonie de l'ame , nous exprime cette harmonie de
l'eſprit qui fait la vertu du Prelat.

Virga hęc ſomnum ſummouere credi-tur. Procop. in 10. Iſaiæ.

S. Chryſoſt. hom. 13. in Epiſt. ad Coloſſ.

L'Aſſiduité tient en vne main vn poudrier à
meſurer les heures, & comme il coule toûjours,
il eſt le Symbole de cette vertu, qui eſt auſſi couronnée.

La Prudence ſe fait connoiſtre par ſon miroir
& ſon ſerpent.

La Simplicité par vne Colombe , & par ſon
habit fort ſimple.

La Modeſtie a auſſi vn voile ſimple & modeſte
vne ceinture d'or , qui a toûjours eſté chez les
Anciens le ſigne de la pudeur , elle tient en main
vne Imperiale , qui eſtant vne fleur de haute tige
& d'vn nom auguſte , regarde neantmoins toûjours la terre.

L'Humilité eſt couronnée de Violettes , & a
prés d'elle des couronnes renuerſées.

La Pieté leue les yeux vers le Ciel , & la flame
qui eſt ſur ſa teſte , eſt la marque de ſes ardeurs
eleuées, comme l'oyſeau de Paradis qu'elle tient
en main , l'eſt du plaiſir qu'elle a de s'éloigner de
la terre, & de viure dans le Ciel.

La Mortification eſt veſtuë en penitente auec

vne Croix en main, & vne teſte de mort.

Dans la troiſiéme voute, ſont les vertus de la Ieuneſſe de noſtre Saint, la docilité, la diligence, la pureté, l'affabilité, la ſincerité, l'obeyſſance, la douceur, & la magnanimité.

La Docilité, qui eſt la plus belle qualité des jeunes gens, a vn viſage doux & modeſte, elle tient vne table d'attente auec vne pallette & des pinceaux, pour montrer qu'elle eſt preſte de receuoir toute ſorte de figures que l'on voudra luy donner, & auprés d'elle vn Chardonnet, qui eſt ſi docile, qu'il apprend le chant de tous les oiſeaux.

La Diligence a l'Eſtoile du point du jour ſur la teſte, & ſur le ſein le Soleil qui ne s'arreſte iamais. Elle tient vne branche d'Amandier fleury, qui eſt le plus prompt des Arbres à pouſſer des fleurs, & autour de cette branche volent des Abeilles, qui ſont naturellement induſtrieuſes & diligentes.

La Pureté a vne couronne de Lys, vn voile ſur les yeux, vn Cygne à ſes coſtez, & vn colletin d'hermine.

La Sincerité tient ſon cœur entre ſes mains, & porte vne Grenade ouuerte ſur le ſein, eſtant le propre de ce fruit de s'ouurir iuſqu'au fond du cœur, comme les perſonnes ſinceres.

L'Obeyſſance a des aiſles aux mains, pour executer promptement ce qu'on luy commande, el-

de à vn voile sur les yeux, & vn petit enfant semble la conduire.

L'Affabilité a les bras ouuerts, comme pour
accueillir; il sort des fleurs de sa bouche, & elle
tient vn Caducée en main.

La Douceur a vn Agneau à son costé, elle est
couronnée d'Oliuier, & tient vne branche de fi-
guier auec son fruit.

La Magnanimité est vestuë d'vne peau de Lion,
dont le meuffle luy fait vne espèce de casque, &
tient vne branche de Chesne entre ses mains, parce que cét arbre a toûjours esté le Symbole de la
Force, dont il a tiré son nom parmy les Latins.

L'Action & la Contemplation sont representées aux costez du Camayeu du Caluaire; elles
font le caractere de l'Institut & de la Vie du Saint,
meslée de l'vne & de l'autre.

L'Action a les manches retroussées pour agir,
elle tient vne Montre à roües d'vne main, & vne
Sphere de l'autre, parce que les Cieux sont toûjours en action.

La Contemplation leue les yeux au Ciel, tient
vne main estenduë, & l'autre sur le sein, comme si
elle estoit dans vn transport d'extase, & à son cô-
té est vn Aigle qui regarde fixement le Soleil.

Aux costez du Camayeu de la descente du S.
Esprit, on void la Perseuerance & la Force.

La Perseuerance tient vne botte de meche allumée, qui conserue toûjours son feu, & qui brûle

iufqu'au bout, d'où vient qu'on a donné à ce corps cette Deuife, DVRAT AD EXTREMVM, pour exprimer cette Vertu.

La Force s'appuye fur fa colomne, & à vn cafque en tefte.

Sur l'Arceau de la Chappelle du Saint font la Conformité aux volontez de Dieu, & la Fidelité.

La premiere tient vne Montre Solaire, qui eft toûjours conforme aux mouuemens du Soleil, dont elle reçoit les lumieres.

La feconde tient vn Tournefol, qui eft la fleur fidele, puifque quelque temps qu'il faffe elle fuit toûjours fon Aftre.

Les deux Anges peints fur l'Arc doubleau auec des feftons de fruits, & les deux qui font fur la feneftre d'en-bas auec d'autres feftons, reprefentent les fruits qu'il a faits dans les quatre eftats où il s'eft trouué, de Seculier, de Clericature, de Preftrife, & d'Euefque; dans le premier par fes exemples, dans le fecond par les miffions qu'il commença dans le Chablais, dans le troifiéme par toutes les fonctions Sacerdotales, & dans le quatriéme par les Epifcopales.

Ce font là les idées de fa vie en general, les voicy en particulier comme elles font reprefentées dans fa Chappelle.

Dans l'épaiffeur de l'Arceau font fept Deuifes qui expriment les principales actions de fa vie, fes emplois & fes occupations dans la direction des Ames.

La premiere eſt vne Montre à Roües auec ces mots du Pſeaume premier, DIE AC NOCTE. Qui ſignifient qu'il eſtoit infatigable à trauailler pour ſon Dieu, & qu'il le faiſoit ſans relâche de iour & de nuit.

La ſeconde vn Levrier, qui a pris ſa proye, auec ce mot du 31. des Prouerbes. CONSIDERAVIT SEMITAS. S'il auoit du ſuccez dans les entrepriſes qu'il faiſoit pour gagner les ames à Dieu, c'eſt qu'il en examinoit diligemment toutes les voyes, comme le limier ne prend ſa proye qu'apres auoir ſuiuy ſes piſtes.

La 3. la Lune, auec ce mot du 14. de l'Exode. ILLVMINANS NOCTEM. Comme cét Aſtre eſt fait pour nous éclairer durant la nuit. Ce Saint ſembloit eſtre fait pour conuertir les Heretiques, & pour les tirer de l'erreur. Auſſi en a-t'il conuerty plus de ſoixante mille.

La 4. deux Oiſeaux de Paradis dans l'air, qu'ils ne quittent iamais, auec ces mots de S. Paul aux Philippiens 3. NOSTRA CONVERSATIO IN CÆLIS EST, pour les entretiens qu'il auoit auec la tres-digne Mere de Chantal, auec laquelle il ne s'entretenoit que de Dieu.

La 5. eſt vne fuſée lancée en l'air, auec ce mot du Pſeaume 72. QVIA INFLAMMATVM EST COR MEVM. Comme la Fuſée ne s'éleue que parce qu'elle a le feu au dedans. Le Saint deuoit à ſes ferueurs les éleuations de ſon Eſprit.

44

La 6. est le Soleil, auec ces mots du 44. de l'Ecclesiast. QVI CONSERVARET LEGEM EXCELSI. Comme le Soleil a esté particulierement creé pour marquer l'ordre des Temps, & pour suiure les mouuemens du Ciel, & celuy qui luy est propre, ausquels il ne manque iamais. Le Saint sembloit aussi n'estre fait que pour garder la Loy de Dieu, & pour la faire garder.

La 7. le Phenix, qui se brusle sur son bucher, auec ces mots de S. Paul en la premiere à Timothee, PROMISSIONEM HABENS VITÆ. Les paroles qui suiuent dans le chap. 4. de cette Epistre, & qui sont icy sous-entenduës, selon les regles de la Deuise, expliquent qu'il eût des pressentimens de sa mort, & que ce fut ce qui l'obligea de faire son Testament, auant qu'il partit d'Anneffy pour le voyage de Lion.

Les quatre principaux euenemens de sa Vie sont representez dans la voute de cette Chappelle,en quatre Camayeux de cirage rehaussez d'or.

Le premier represente la Mission qu'il fit dans le Chablais,n'estant encore que Preuost de l'Eglise Catedrale de Geneue,& dans cet employ il paroist Apostre de ces Peuples, qu'il ramena à l'Eglise, dont ils s'estoient égarez.

Dans le 2. le Pape Clément VIII. se leue de son Trône pour l'embrasser, apres qu'il eut respondu à trente-cinq questions des plus épineuses de la Theologie. Ce fut alors que ce Vicaire de I. C.

luy predit par des veües anticipées, ce qu'il deuoit estre vn iour.

Dans le 3. on voïd la tres-sainte Trinité produi-re sensiblement sur luy les effets que la consecra-tion des Prelats produit interieurement , en leur imprimant le caractere qui fait les Peres de l'E-glise.

Dans le 4. il donne les Constitutions & les re-gles de l'Institut à la tres-digne Mere de Chantal, & à ses deux premieres Compagnes.

Contre la muraille opposée à l'Autel, on a peint les honeurs funebres que le venerable Chapitre de S. Pierre de Geneue luy rendit, & les Miracles qui se font faits à son Tõbeau auant sa Canonisation.

L'INSTITVT de la Visitation, que nous consi-derons comme vn autre ouurage de la Grace, qui a fait la gloire du Saint, est representé par les My-steres de la Vie de N. D. dont il est vne coppie, & vne imitation. On a choisi pour cét effet quinze Mysteres de la vie de la Sainte Vierge, qui expri-ment l'origine, la naissance, le progrez, & les ma-ximes principales de la conduite de cette sainte Congregation , dont les applications sont faites par des passages de l'Escriture Sainte, propres de chaque Mystere.

Le premier est l'Ange, qui annonce à S. Zacha-rie la conception de S. Iean Baptiste , aupres de l'Autel des Parfums , tandis que Sainte Elisabeth s'occupoit aux soins de la Famille , auec ce mot

de l'Euangile de S. Luc sur ce Mystere : APPA-
RVIT A DEXTRIS ALTARIS, qui expliquét merueilleusement bien la premiere veüe que S. François de Sales eût de l'Institut de la Visitation,
quand il vid dans la Chappelle du Chasteau de
Sales, contre l'Autel, les visages des trois premieres Meres qui deuoient commencer cette sainte
Congregation, tandis que Madame de Chantal
s'occupoit encore aux soins de sa Famille.

Le second est la Presentation de la Sainte Vierge au Temple, où elle se consacra au seruice des
Autels, auec ce mot de la Sagesse, DOMINVS
POSSEDIT ME, qui dans le sens figuré, signifie,
que Dieu prit possession du cœur de Madame de
Chantal, qui s'offrit d'estre toute à luy apres la
mort du Baron de Chantal son mary.

Le 3. est le Mariage de N. D. auec S. Ioseph, ou
ces deux chastes Amans se donnent la main, tandis que le S. Esprit qui paroît au dessus d'eux, est
comme le nœud de cette sainte Alliance. Le mot
est tiré du Prophete Malachie : HÆC PARTI-
CEPS TVA, & fait entendre en Embleme, que
Madame de Chantal fut associée auec le Saint, à
l'entreprise de ce grand Ouurage.

Le 4. est le Mystere de l'Annonciation, ou
l'Ange qui vient à N. D. de la part de Dieu, represente nostre Saint, qui annonce les volontez
de Dieu à Madame de Chantal, & fait en son endroit l'office de l'Archange S. Gabriel. Les paro-

les de cét Archange, VIRTVS ALTISSIMI OBMBRABIT TIBI, mifes autour du Camayeu, expriment parfaitement celles que noftre Saint dit à cette Dame, pour l'encourager dans fon entreprife.

Le cinquiéme eft le voyage que Noftre Dame fit en Iudée pour vifiter fa coufine Sainte Elizabeth, auec ces mots du Myftere. ABIIT IN MONTANA CVM FESTINATIONE, qui defignent le voyage que Madame de Chantal fit aux Montagnes de S. Claude, où le Saint fe deuoit trouuer pour conclurre ce qu'ils auoient projetté pour l'établiffement de l'Inftitut.

Le fixiéme eft le Myftere mefme de la Vifitation, qui fait le caractere de l'Ordre, comme il en eft le tiltre. Les paroles prifes du Myftere s'addreffent à la tres-digne Mere de Chantal, BEATA QVÆ CREDIDISTI, QVONIAM PERFICIENTVR EA, QVÆ DICTA SVNT TIBI A DOMINO.

Le feptiéme eft la naiffance du Fils de Dieu dans l'humilité, la pauureté, & la fimplicité, ce Myftere reprefente la naiffance de l'Inftitut, qui fait profeffion de ces trois Vertus, auec ces mots tirez du premier Chap. de l'Euangile de S. Iean. VIDIMVS GLORIAM EIVS, GLORIAM QVASI VNIGENITI A PATRE, cét Inftitut a beau fe cacher fous les voiles de l'humilité & de la fimplicité, fa gloire ne laiffe pas d'éclater merueilleusement.

Le huitiéme est l'Adoration des Roys, qui firent leurs presens au Fils de Dieu, auec ces mots, VIDIMVS STELLAM EIVS, ET VENIMVS ADORARE EVM.

Ce Mystere exprime heureusement la profession & les vœux des premieres Meres, parce que quelques-vnes d'elles y furent appellées par la veuë de quelques Estoiles, & les trois presens de ces Mages sont depuis long-temps appliquez aux trois vœux de Religion : Le present de l'or au vœu de pauureté, qui dépoüille la personne Religieuse de toutes les richesses. Celuy de la Myrrhe qui est amere, & qui preserue les corps de corruption, au vœu de chasteté, par lequel on renonce à tous les plaisirs du corps ; & celuy de l'Encens au vœu d'obeyssance, qui fait vn Sacrifice entier de la personne, & vn parfait holocauste, comme l'Encens s'exhale sur les Autels en odeur de suauité.

Le neufiéme est celuy de la Purification, où le Saint Vieillard Simeon, qui prend le Fils de Dieu entre ses bras : & ces mots mis autour du Camayeu, PARASTI ANTE FACIEM OMNIVM POPVLORVM, LVMEN, apprennent que Dieu a destiné cét Institut à paroistre auec éclat dans le monde pour l'édification de tous les peuples.

Le dixiéme est la fuite de Nostre Dame en Egypte, où l'on porta le Fils de Dieu ; Ce Mystere represente la retraite de l'Institut, qui deuant estre

au commencement, de perſonnes qui viſiteroient
les malades, & qui ſoulageroient les pauures dans
leurs maiſons, fut reduit depuis à la clôture, à la
maniere des autres Religions de Filles : La Legende de ce camayeu eſt vn verſet du Pſeaume 54.
ECCE ELONGAVI FVGIENS, ET MANSI IN
SOLITVDINE.

Dans l'onziéme le Fils de Dieu paroît dans le
Temple à l'âge de 12. ans au milieu des Docteurs,
qui admiroient ſa doctrine. L'Inſtitut dés ſes premieres années fut l'admiration des Prelats, & des
perſonnes les plus éclairées; c'eſt ce qu'expriment
par application ces paroles ſur ce Myſtere.   ET
VIDENTES ADMIRATI SVNT.

Dans le douziéme, le Fils de Dieu reçoit l'Eſprit de ſaint Ioſeph mourant, & c'eſt l'Image de
la mort du Saint, dont l'Inſtitut receut l'Eſprit,
qu'il conſerue encore tel qu'il a receu. On ne pouuoit pas choiſir des mots plus propres, pour ap-
pliquer ce Myſtere, que ceux que le Fils de Dieu
dit à ſon Pere en expirant.   IN MANVS TVAS
DOMINE COMMENDO SPIRITVM MEVM,
qui eſt icy vne recommandation que le Saint fait
à l'Inſtitut, de conſeruer ſon Eſprit dans toutes
ſes actions.

Dans le treiziéme, qui eſt ſur l'Arc de la Chap-
pelle du Saint. Le Saint paroit dans le Ciel, &
Noſtre Dame à ſa droite, qui luy montrant ſes
Filles ſous le pommier du iardin du Monaſtere

d'Annessy, où il leur donna les Constitutions, luy
semble dire par la legende de ce Camayeu, VISI-
TATIO TVA CVSTODIVIT SPIRITVM
MEVM, que sa Visitation a conservé son Esprit de
pureté, de Candeur, de Charité, de Pieté, d'Humilité, &c.

Dans le quatorziéme, on voit la Se Vierge
qui mene des Filles de la Visitation sur le Caluaire, où elle leur fait cueillir des fleurs sous la Croix.
Ces fleurs sont des Grenatilles, qui sont des
fleurs de la passion dont elles representent les in-
strumens, pour apprendre que ces Filles doiuent
estre les Filles de la Croix, & du Caluaire, comme le Saint leur disoit si souuent dans les entretiens. Le Caluaire est donc leur Iardin, & c'est
ce que dit la legende de ce Camayeu tirée du 19.
Chapitre de S. Iean. IN LOCO VBI CRVCI-
FIXVS EST, HORTVS.

Le quinziéme Camayeu est le Mystere de la
Pentecoste, où le S. Esprit descend sur les Apô-
tres en forme de feu, qui est le Symbole de la
Charité. La Deuise est du chap. 5. de l'Epistre
aux Galates, FRVCTVS SPIRITVS EST CHA-
RITAS. Et signifie que la Charité est l'Esprit de
cét Institut.

Enfin le Mystere de l'Assomption de Nostre
Dame representé au dessus de la Corniche du
Retable du Maistre Autel, est le Symbole de la
Gloire de l'Institut, qui paroît auec éclat dans
tant de lieux.

Le Blason & la Deuise de l'Institut sont representez dans les Arcs doubleaux. Les Armoiries
dans celuy du Chœur, & Viue Iesus dans celuy
de la nef, & de Marye, qu'il a meritées, à son
aise. La Frise d'en bas, qui regne tout le long de l'E-
glise, represente le Triomphe du Saint honoré
iour des Innocens. Ces premices des Martyrs
sont representées par de petits enfans en demy
corps qui sortent des vaisseaux, & des emboule-
mens. Ils soûtiennent de deux en deux les Medailles des Saints Fondateurs des Religions qui
honorent la Pompe du Triomphe de ce Saint,
comme Fondateur de la Visitation. Ce sont Saint
Antoine, Saint Basile, Saint Benoist, Saint Ber-
nard, S. Bruno, Saint Dominique, Saint François,
Saint François de Paule, Saint Iean de Matta,
Fondateur de l'Ordre de la Trinité de la Re-
demption des captifs, Saint Norbert Fondateur
de Premonstré, Saint Ignace, Saint Philippe Ne-
ry, le B. Iean de Dieu.

Les quatre Docteurs de l'Eglise representez
sur les Pilastres en des ouales portées sur des Vases, font le caractere des quatre fonctions que le
Saint a exercées dans l'Eglise en qualité de Docteur. Puisqu'il a esté Pontife & Directeur comme Saint Gregoire le grand: Predicateur comme
Saint Ambroise : Legislateur comme Saint Au-
gustin, Fondateur & Pere de tant d'Ordres : Ecri-
uain, & Interprete des écritures Saintes comme
Saint Hierôme.

Enfin, le Saint paroît eleué en Gloire par des Anges, au deſſus de la Grille du Chœur, & trois Anges portent les Couronnes de Vierge, de Docteur, & de Martyr, qu'il a meritées, ayant conſerué ſa Pureté iuſques à la mort, ayant inſtruit durant ſa vie, & laiſſé des Liures qui nous inſtruiſent encore, & ayant eſté deux fois empoiſonné par les Heretiques en haine de noſtre foy, bien que le poiſon n'eût pas ſon effet, parce qu'on y mit remede d'abord qu'il fut reconnu.

DIEV SOIT BENY.

www.ingramcontent.com/pod-product-compliance
Ingram Content Group UK Ltd.
Pitfield, Milton Keynes, MK11 3LW, UK
UKHW020038100726
13658UKWH00003B/1391